MICHELE MARAGLINO

IL SEGRETO PER VIVERE DI MUSICA

IMPORTANTE

Questo libro è di proprietà di Michele Maraglino

Questo libro non può essere copiato, venduto o usato come contenuto proprio in nessun caso. L'Autore non si assume nessuna responsabilità per errori, omissioni o contrarie interpretazioni.

Dovrai applicare ogni consiglio di questo libro affinché tu possa avere il massimo risultato. I tuoi risultati potrebbero essere diversi dai miei e possono dipendere da diversi fattori:

competenza, esperienza, grado di applicazione, eccetera.

Grazie per aver acquistato il mio libro e buona lettura!!!

L'AUTORE

Michele Maraglino (Taranto 1984)

- *Label Manager La Fame Dischi*
www.lafamedischi.com
- *Esperto in Comunicazione e*
Promozione Musicale
- *Adetto stampa LFD Press*
www.lafamedischi.com/ufficiostampa
- *Cantautore*
www.michelemaraglino.bandcamp.com

- *Scrittore*
http://lafamedischi.com/michele-

maraglino-due-storie-libro-lfb-01

Michele Maraglino è un cantautore attivo dal 2005. Ha cominciato la sua attività artistica pubblicando e promuovendo i suoi dischi completamente da solo sfruttando prevalentemente la rete. Ha trasformato poi la sua attività in un vero e proprio lavoro cominciando a lavorare come Ufficio Stampa ai dischi di altri artisti. Nel 2011 fonda a Perugia l'etichetta indipendente La Fame Dischi dove lavora tutt'ora.

E' docente del _"Video Corso di Autopromozione per la Sopravvivenza Musicale"_ a cura de La Fame Dischi (Le Canzoni Migliori Le Forma La Fame www.lafamedischi.com/corsi)

E' stato docente insieme a _Daniele Rotella_ e _Francesco Federici_ nel 2014 nel corso di Produzione Musicale all'interno del progetto _PEER.S.I.N.G - Scuola e Integrazione delle Nuove Generazioni PEER to Peer,_ progetto del

Comune di Perugia finanziato dal Fondo Europeo per l'integrazione di cittadini di paesi terzi 2007-2013, Annualità 2012 - Azione 3 - Progetti Giovanili.

IL SEGRETO PER VIVERE DI MUSICA – **INDICE**

INTRODUZIONE

Non c'è bisogno del successo per vivere di musica se sai esattamente da dove arrivano i soldi. Lo scopo delle prossime pagine infatti è proprio quello di spiegare dettagliatamente quali sono tutte le entrate legate all'attività musicale di una band. Occorre sapere esattamente come si ottengono i soldi derivanti dal proprio lavoro di musicista. E quando dico soldi intendo "tutti i soldi". Molto spesso le band non sono informate, pensano soltanto alla loro musica e a scrivere canzoni meravigliose con cui sperano un giorno di poter svoltare raggiungendo il successo. Molto spesso però tralasciano tutti quegli aspetti legati alle singole entrate che possono essere notevoli già da subito senza dover per forza avere quel successo clamoroso che tutti pensano sia necessario per poter vivere di musica. Entrate che derivano semplicemente dall'attività del musicista. La musica infondo è un mestiere come tanti e ha gli stessi meccanismi degli altri lavori. Mai come oggi il musicista deve essere anche imprenditore di se stesso e conoscere tutti i soggetti in campo nella musica e sapere chi può aiutarlo veramente e chi invece è soltanto dannoso alla propria economia. Le tecnologie ci offrono gli strumenti per essere totalmente indipendenti e poter fare tutto da soli. Per poter vivere di musica occorre saper sfruttare al massimo questi strumenti. Non c'è altra via. Ovviamente la strada è faticosa e lunga ma se si hanno tutte le conoscenze per ottimizzare i guadagni tutto diventa più sostenibile e il tempo che passa diventerà una risorsa invece che un problema.

I PRINCIPALI SETTORI DI ENTRATA NELLA MUSICA

Il mondo musicale è infinitamente cambiato e questo ce lo sentiamo ripetere sempre ogni qual volta ci interfacciamo con qualcuno che potrebbe aiutarci con la nostra musica. I cosiddetti "addetti ai lavori" ovvero produttori, etichette o responsabili di agenzie booking, devono ogni volta assolutamente fare i conti con lo scenario musicale del momento prima di prendere in considerazione l'inizio di un percorso e di un lavoro con un artista. I fattori in campo sono molteplici e le entrate nel mondo della musica sono molto cambiate. Innanzitutto sono crollate le vendite dei supporti fisici (dischi soprattutto) e quindi si è perso un importante ritorno economico sicuro e questo fa stare tutti un po' più cauti con gli investimenti. Per poter vivere di musica quindi non si può non conoscere ogni aspetto dell'ambiente musicale indipendente, ma anche del mondo mainstream, e soprattutto non si può non conoscere da dove arrivano i soldi. Non si può operare senza un piano ben prestabilito, senza una progettualità e soprattutto non sapendo da dove arriveranno i soldi guadagnati o da quale aspetto della musica arriveranno più soldi.

Dobbiamo quindi conoscere da dove arrivano i principali guadagni nel mondo della musica.

Dobbiamo conoscere tutti i settori di entrata.

I principali settori di entrata nella musica sono:

1) La vendita dei dischi o vinili
2) La vendita degli mp3
3) La vendita del merch (t-shirt, shopper, spille, ecc.)
4) Diritti d'autore, diritti connessi e copia privata

Alcune di queste voci però prima di essere un'entrata comportano una spesa per la vostra attività. Se ad esempio avete dei dischi da vendere al banchetto dopo un concerto vuol dire che sicuramente avrete speso dei soldi in uno studio di registrazione per registrare al meglio le vostre canzoni e che avrete speso dei soldi poi per stampare le copie del vostro album. Stesso discorso vale con il merch: per vendere t-shirt o shopper avrete sicuramente investito tempo e denaro per realizzare quei prodotti. La musica quindi ha dei costi ed è per questo che le band cercano quelle figure professionali che possano alleggerire le spese che ci sono dietro alla realizzazione di un prodotto discografico. Eppure questo potrebbe essere **il primo errore nell'impresa di voler riuscire a vivere della propria musica.** Ragioniamoci insieme. Avere qualcuno che partecipa alle spese vuol dire anche avere qualcuno in più con cui dividere i guadagni. Prima non era un grosso problema perché quando la gente comprava ancora i dischi le entrate erano sicuramente maggiori per tutti e quindi dividere i guadagni per 4 o dividerli per 5 o 6 persone faceva poca differenza. Adesso invece le cose sono cambiate. La gente ha diversi modi di poter ascoltare la musica senza pagare niente (download illegali) oppure può ascoltarla in streaming. Le percentuali però che vengono girate agli artisti provenienti dagli introiti pubblicitari o dagli abbonamenti delle piattaforme streaming come Spotify o Deezer sono pressoché ridicole. Quindi al giorno d'oggi cercare persone che possano aiutarci ad emergere è necessario ma potrebbe essere un'arma a doppio taglio. Dovreste fare un "boom" davvero grande per poterci stare dentro con le spese e guadagnarci tutti. Il problema è che le spese che ci sono dietro un progetto musicale sono davvero tante e riuscire a realizzare tutto in maniera autonoma risulta essere davvero difficile e faticoso ed è per questo che si cercano altri soggetti in campo per riuscire ad avere una mano gestionale e finanziaria nella costruzione di una carriera musicale vincente.

I PRINCIPALI COSTI DI UNA BAND

Vediamo ora quindi i principali costi che una band deve sostenere quando realizza un primo prodotto discografico (disco):

COSTI IN FASE DI CREAZIONE
- Costi relativi alla sala prove
- Costi relativi agli strumenti musicali e accessori (acquisto e manutenzione)

COSTI IN FASE DI REALIZZAZIONE
- Costi relativi allo studio di registrazione

- Costi relativi alla stampa delle copie (con annessi i costi per la grafica dell'artwork)
- Costi relativi alla stampa del merch (t-shirt, shopper, spille, ecc.)

COSTI IN FASE DI PROMOZIONE
- Costi relativi alla promozione del disco (Ufficio Stampa)
- Costi relativi alla promozione radiofonica del disco (Ufficio Stampa specializzato in radio)
- Costi relativi alla realizzazione dei videoclip
- Costi relativi alla distribuzione digitale e fisica

Il problema non sono solo i soldi legati alle spese vive da sostenere durante la fase di realizzazione di un disco e alla successiva promozione, ma la vera questione è che la strada verso l'indipendenza finanziaria grazie alla musica, grazie alla propria passione, richiede moltissimo tempo. Quindi l'altro problema oltre ai soldi è il tempo. Il percorso è lungo, faticoso e oneroso. Molto spesso tutti gli sforzi legati alla realizzazione del primo disco sono soltanto il primo mattoncino di una strada molto più lunga e ricca di ostacoli. L'ostacolo maggiore quindi è lo scorrere del tempo che richiede una certa libertà finanziaria per poter essere liberi di dedicarsi al 100% al proprio sogno di vivere di musica. E' per questo che occorre avere una progettualità, un'idea di percorso, una sorta di piano in cui porsi gli obiettivi e darsi le scadenze per cercare di riuscire nell'impresa di vivere di musica.

I SOGGETTI CHE POTREBBERO AIUTARE UNA BAND

Abbiamo visto quindi che le spese per un musicista sono tante e le entrate invece sono diminuite drasticamente. Una delle principali entrate per un musicista sono i concerti mentre per quanto riguarda i ricavi generati dalla vendita diretta della musica, sia mp3 che copie fisiche (cd o vinili), siamo di fronte a cifre inizialmente basse. Se a questo aggiungiamo la divisione con altri soggetti, i soldi che rimangono al musicista sono davvero insufficienti e spesso non riescono a coprire nemmeno i costi. Ma **quali sono i soggetti che potrebbero aiutare un musicista nelle spese iniziali e cosa chiedono in cambio?**

1) L'etichetta discografica

Avere un contratto discografico non è più un punto di arrivo come una volta in cui una band si sentiva al settimo cielo semplicemente per aver firmato un contratto. Adesso rappresenta più che altro un punto di partenza e a volte un vantaggio più per l'etichetta che per l'artista. Un'etichetta può aiutare l'artista finanziando le spese di registrazione (diventando produttore esecutivo dell'opera) o le spese per stampare le copie (questa pratica risulta essere la più diffusa ultimamente), oppure le spese di promozione. Si tratta però di anticipi e fino a quando l'artista non rientrerà nelle spese non vedrà un euro dal ricavato dalle vendite. Molto spesso poi, una volta raggiunto il capitale investito, l'etichetta trattiene una percentuale nelle successive vendite e all'artista rimane davvero ben poco. E' per questo che l'aspetto live è il più importante nella vita di una band.

2) Il produttore artistico

Molto spesso a una band conviene essere affiancata da un professionista durante la fase di registrazione del proprio disco, un produttore artistico che sappia consigliare da esterno al meglio la band per quanto riguarda la scelta del sound, degli arrangiamenti, ecc. E' una figura molto importante che può fare la differenza nella realizzazione di un disco e nella maggior parte dei casi è pagata dalla band oppure dall'etichetta ma sempre sotto forma di anticipo.

3) L'agenzia di booking

Il booking si occupa di trovare i concerti alla band e di organizzare un vero e proprio tour di promozione in occasione dell'uscita del disco. Il problema è che all'inizio di una carriera artistica i cachet di una band sono bassi e un'agenzia seria (non parliamo di quelle che chiedono soldi in anticipo o hanno percentuali più alte che non sono serie)

trattiene il 15% - 20% dal cachet.
Capiamo benissimo ancora una volta
quindi che quello che rimane alla band e
a ogni suo singolo elemento, è davvero
poco.

4) L'ufficio stampa
L'ufficio stampa ha il compito di
promuovere l'album una volta che è
pronto. Organizza il lancio e stabilisce le
strategie di promozione e le mette in
atto. Interagisce con i giornali, le riviste
specializzate, le webzine, i blog, le radio
e le tv. Anche in questo casto molto
spesso il costo di un ufficio stampa è a
carico della band oppure viene
anticipato dall'etichetta che comunque
riprenderà i soldi dalla vendite dei
dischi. Il costo di un Ufficio Stampa può
variare dai 1000 euro fino ai 5000 euro
in un anno (in alcuni casi si può anche
spendere di più).

3) Il distributore
Il distributore è quel soggetto che ha il
compito di mettere i dischi nei negozi (in

quei pochi negozi di dischi rimasti), nei negozi digitali (store) e nelle piattaforme di streaming (Spotify, Deezer, ecc.). Può prevedere un costo iniziale oltre alla percentuale che trattiene da tutte le vendite. Quello che rimane in termini di utili una volta che il negozio e il distributore avranno trattenuto la loro parte è davvero poco e spesso va poi diviso con l'etichetta.

Il segreto per vivere di musica è quindi eliminare tutti questi soggetti. Il segreto per vivere di musica è fare tutto da soli. E' una questione di numeri. I soldi che la musica genera, soprattutto all'inizio, sono pochi e quindi bisogna eliminare il maggior numero di spese. C'è una regola non scritta in economia che dice che *"il primo soldo guadagnato è quello non speso"*. E' esattamente quello che dovete fare con il vostro progetto musicale. Se volete che esso diventi il vostro mestiere dovete avere tutto sotto controllo. Spese e guadagni ma soprattutto dovete avere un programma organizzato con tutte le tappe e gli obiettivi da raggiungere disco dopo disco.

LE MANSIONI DI UNA BAND

Ovviamente eliminare tutte queste voci vuol dire faticare di più. Impegnarsi ed essere bravi non solo a suonare creando musica originale, ma essere bravi anche in tutte le altre fasi che riguardano l'uscita e la promozione della propria musica. Essere bravi nel trovare contatti. Contatti per suonare, contatti per far parlare di se sulla stampa specializzata, essere bravi magari anche a montare video e soprattutto bravi con i social network che sono un'arma potentissima. **È inevitabile dover diventare bravi in tutto.** Il mondo musicale come dicevamo all'inizio è cambiato. Il numero di band che ci prova, aiutate dalla tecnologia che abbatte i costi, è altissimo. C'è un offerta immensa di nuova musica e per emergere da tutta questa confusione e riuscire ad arrivare all'ascoltatore curioso e interessato alle novità occorre essere bravi in tutto. Se non disponete di grandi fondi economici dovete essere bravi in tutto. Non avete altra scelta. Si devono dividere i compiti fra tutti gli elementi della band in base alle capacità di ognuno. Chi è più bravo con i social si occuperà di gestire le pagine facebook, instagram o twitter, chi invece è più bravo con la grafica si occuperà di tutto l'aspetto grafico dei dischi e del merch. Chi è più bravo con le pubbliche relazioni si occuperà di creare una rete di contatti per trovare spazi per suonare e promuoverà la musica fra gli addetti ai lavori. Internet è uno strumento potentissimo e con un lavoro costante e minuzioso si può sfruttare al massimo per arrivare a conoscere quelle figure professionali e quelle persone influenti che possono dare opportunità importanti alla vostra band. Occorre quindi conoscere l'ambiente, conoscere i soggetti e cercare di diventare amici di tutti. A volte saper costruire una buona rete di contatti ed essere bravi sui social può davvero fare la differenza, a parità di bravura, tra una band che ce la fa e una che non riesce né a far crescere e fidelizzare il suo pubblico né a trovare spazi per suonare e che quindi dopo i primi mesi o i primi anni molla o si sgretola piegata poi dalle vicissitudini della vita.

Occorre quindi avere ben in mente quello che si vuole, sapere dove si sta andando, e sapere esattamente come realizzarlo, in quanto tempo e secondo degli obiettivi prefissati. **Ma come può una band che non dispone di sufficienti risorse economiche, riuscire nell'impresa di realizzare un disco facendo tutto da soli?** Solo quelli con i soldi possono farcela? Davvero non c'è nessuno disposto a investire in un progetto musicale in cui crede? Per quanto riguarda la questione degli investimenti è sempre più difficile che qualcuno faccia un investimento al 100% e abbiamo visto che nella maggior parte dei casi si tratta soltanto di anticipi. Molto spesso sono le etichette a sfruttare la popolarità di una band che magari comunica molto bene sui social e ha un buon numero di seguaci e fan. L'etichetta sa che quella band saprà in maniera autonoma far crescere la propria popolarità e di conseguenza farà crescere anche la sua di popolarità. Spesso entrare in un'etichetta fa bene solo all'etichetta e non alla band. Il mondo si è rovesciato. Sembra paradossale ma è così. Se invece la band dovesse riuscire ad essere brava in tutte le mansioni che ci sono dietro la realizzazione e la promozione di un album, mansioni che di solito sono divise fra i vari soggetti (produttori, etichette, uffici stampa, booking), riuscirebbe a non aver bisogno di nessuno e a fare tutto da sola assicurandosi quindi il 100% dei guadagni. **Ma quali sono le mansioni che una band che decide di fare tutto da sola dovrà affrontare?**

1) Reperimento fondi

Trovare in proprio i soldi necessari per lo studio di registrazione, per pagare il lavoro di un produttore artistico, le spese per il mastering e per la stampa delle copie e per la promozione (ufficio stampa) può essere un ottimo modo per eliminare qualunque altro soggetto, etichette o agenzie, che anticiperebbe i soldi andando poi a ingolfare il processo di guadagno una volta che il disco è pronto e si vende. Uno strumento utilissimo per il reperimento fondi che è entrato molto in uso in questi ultimi anni, è il crowdfunding. Piattaforme come Musicraiser, Indiegogo, Produzioni dal basso, ecc., permettono alle band di creare vere e proprie campagne di raccolta fondi in cui si rivolgono direttamente ai propri amici e fan chiedendo una mano economica per la realizzazione del proprio disco dando in cambio delle ricompense. Ovviamente, soprattutto a inizio carriera, chiedere cifre troppo alte potrebbe complicare la buona riuscita della campagna che va a buon fine solo se si raccolgono tutti i soldi che si sono chiesti. Occorre fare un'analisi di quanto la band è conosciuta, quanti amici e fan la sosterrebbero, e chiedere una cifra possibile, raggiungibile. Se si è all'inizio e non si è molto conosciuti il consiglio è quello di chiedere il giusto indispensabile per registrazioni e stampa delle copie. La promozione inizialmente si potrebbe fare da soli sfruttando internet e magari andandola a integrare più in là, quando ci saranno i soldi, con un ufficio stampa professionale.

2) Reperimento di concerti
All'inizio organizzarsi i concerti da soli è inevitabile. Il trucco è guardare i tour dei propri colleghi un po' più conosciuti, segnandosi i nomi dei locali in cui suonano per poi cercare su facebook le pagine dei locali e scrivergli un messaggio privato, proponendogli una vostra serata. Se siete determinati passando diverse ore a mandare messaggi su facebook potreste riuscire ad ottenere risposte positive. In quel caso il cachet stabilito come ricompensa

del concerto è tutto vostro visto che avete trovato da soli il concerto. Può essere utile in questo caso trovare qualche agenzia booking che assolutamente non in esclusiva potrà aiutarvi nell'organizzare alcuni concerti aumentando così il numero dei live che sono la cosa più importante da fare per promuovere la propria musica. Che cosa vuol dire avere un'agenzia booking non in esclusiva? Che siete liberi di organizzarvi da soli tutti i concerti che volete e che riuscite senza dover passare sempre dall'agenzia che vi trattiene poi le sue percentuali.

3) Il distributore

Esistono siti come Zimbalam.it che con soli 35 euro distribuiscono il vostro disco in tutti gli store digitali o piattaforme streaming come iTunes, Spotify, Amazon, Google Play, You Tube, ecc. Sono i cosiddetti distributori digitali (ne esistono tanti da Cd Baby a Believe Digital, Sounday, ecc.). Una volta pagato e caricate le tracce del disco avete il pieno controllo nel vostro account: sapete dove avete venduto, sapete quanto avete venduto e quanto state guadagnando sia dalla vendita degli mp3 sia dallo streaming. Ogni quadrimestre il sito vi gira il 90% degli introiti trattenendo per se il 10%. Non avete bisogno di nessuna etichetta discografica per finire su Spotify e affini. Ovviamente se lo fate per conto vostro il ricavato sarà tutto vostro senza dover dividere con nessuno. Per quanto riguarda la distribuzione fisica dei dischi nei negozi i numeri sono talmente bassi che inizialmente non ha senso affidarvi a un distributore. La maggior parte dei dischi, a qualsiasi livello di carriera, si vende ai concerti. E' possibile inoltre monetizzare il proprio canale youtube direttamente dall'account youtube della band. Anche in questo caso se state lavorando da soli siete liberi di caricare le vostre canzoni e i vostri videoclip sul vostro canale youtube e guadagnare dalle visualizzazioni attivando banner e spot pubblicitari. Non sarete costretti dall'etichetta a caricare i videoclip sul loro canale youtube e non perderete i soldi delle sponsorizzazioni.

Dovete conoscere ogni singola entrata e questa entrata deve essere tutta vostra. E' questo il segreto per vivere di musica. Avere il totale controllo della situazione. Prendere il 100% dalle vendite degli mp3, dallo streaming e dalle copie fisiche. Prendere il 100% dai cachet dei live e prendere il 100% dai diritti d'autore. All'inizio la fatica sarà immensa soprattutto se vi promuovete da soli e vi organizzate i concerti da soli, ma avrete sicuramente un vantaggio economico. E poi creerete una rete di contatti non indifferente che vi ritroverete utile anche per le uscite successive. Diciamo che il lavoro più grosso si fa all'inizio e se si lavora bene dopo si continua a sfruttare il frutto di quel lavoro. Si continuano ad usare i contatti costruiti cercando sempre di arricchirli con contatti nuovi. Ovviamente il guadagno maggiore lo si fa sul lungo periodo. All'inizio ci saranno i sacrifici e il primo disco sarà un biglietto da visita e una presentazione per farvi conoscere dal pubblico e per far conoscere la vostra musica. Se lavorerete bene già dal secondo disco si potranno raddoppiare i guadagni e via via guadagnare sempre di più disco dopo disco.

Una precisazione che a questo punto va fatta è che qui noi non stiamo parlando di diventare ricchi e famosi, ma semplicemente di riuscire nell'impresa di essere una band con un discreto seguito con cui poter lavorare giorno dopo giorno semplicemente facendo solo il musicista. Non dovendo fare nessun altro lavoro per vivere. Il successo può arrivare da un momento all'altro, ma **basare la propria esperienza artistica solo sull'attesa del successo è controproducente. Non fa di voi un vero musicista, ma soltanto un desideroso di fama e successo.** Se sentite invece che la musica è la vostra passione e che non ne potete fare a meno in tutte le sue forme dovete innanzitutto lavorare per creare una situazione che vi possa far vivere serenamente facendo il musicista.

IL CASO DELL'EDITORE E I DIRITTI D'AUTORE, CONNESSI E COPIA PRIVATA

Una band che vuole vivere di musica non può non iscriversi ad una società di collecting come la SIAE o Soundreef (che consiglio di più in quanto considero migliore), che gestisca i **diritti d'autore** che spettano agli autori e agli editori dei brani. Ogni volta che il vostro brano viene suonato live, viene passato in radio o in tv, matura un compenso spettante agli autori ed editori di quel brano. Questi compensi vengono raccolti per voi dalla società a cui siete iscritti che tratterrà una parte per se e vi girerà il resto. Per quanto riguarda l'editore occorre fare un discorso a parte perché la figura di un editore potrebbe essere utile. E' l'unico soggetto esterno che potrebbe esservi utile, ma è una decisione che va ponderata bene. L'editore è quella figura a cui date di solito il 50% dei vostri diritti e che in cambio dovrebbe lavorare cercando di far fruttare i brani dal punto di vista del diritto d'autore. Quindi dovrà cercare passaggi radiofonici, o cercare di inserire la vostra musica in spot pubblicitari o in colonne sonore. Sono tutti aspetti che vi porteranno un guadagno. I brani che sono depositati con editore di solito vengono pagati il doppio dalla SIAE quindi voi prendereste gli stessi soldi sia con editore che senza. Ed è per questo che l'editore è l'unico soggetto esterno che potrebbe esservi utile. Avere un editore di fiducia può farvi guadagnare qualcosa in più. Gli editori di solito acquistano le edizioni dagli artisti più affermati ma per chi è all'inizio di solito non pagano niente. Il consiglio è di iscrivervi alla SIAE o Soundreef e di iniziare senza nessun editore. Una volta che sarete riusciti ad aumentare la vostra popolarità potreste riuscire a strappare un contratto editoriale più vantaggioso per voi e che preveda il pagamento di una cifra in cambio delle vostre edizioni.

Da non confondere con i diritti d'autore ci sono anche i **diritti connessi** la cui gestione è affidata per legge alle società di collecting rappresentative dei produttori discografici e degli artisti, interpreti ed esecutori. Se un brano di musica registrata viene diffuso in locali pubblici, radio, tv e sul web, matura un compenso spettante a chi lo ha prodotto, interpretato e suonato.

Le aziende produttrici di smartphone, tablet, pendrive, hd, ecc. sono tenute a riconoscere inoltre un compenso spettante anche ai produttori e agli artisti. E' la cosiddetta **copia privata**, un compenso dovuto a fronte della possibilità di effettuare copia di musica registrata da parte di privati cittadini. E' incassata da SIAE e poi riversata alle varie società di collecting che la distribuiscono, in base alle proprie regole di ripartizione, ai loro produttori e artisti aderenti.

Occorre quindi registrarsi anche alle società di collecting che gestiscono i diritti connessi e la copia privata per non perdere questi soldi che vi spettano, vi sono dovuti e che molto spesso le band perdono semplicemente perchè non conoscono questa tipologia di diritti. Iscrivetevi subito a società come SCF, Audiocoop o GetSound e cominciate a guadagnare anche da questa tipologia di diritti.

UNA BAND DEVE ESSERE IN GRADO DI... (CONCLUSIONI)

Il segreto per vivere di musica quindi è essere i principali responsabili della propria musica. Eliminare tutti quei soggetti che apparentemente potrebbero sembrare utili (etichette, uffici stampa, booking), ma che in realtà altro non fanno che sottrarvi risorse e sfruttarvi per far crescere la loro realtà. Abbiamo visto come all'inizio sia fondamentale per una band saper fare non soltanto musica ma anche tutti quei lavori necessari per la realizzazione, il lancio e la promozione di un disco.

Una band deve essere in grado di

1) Creare e portare a termine una

campagna di crowdfunding di successo.

2) Saper promuovere da sola la propria musica almeno all'inizio del proprio percorso. Deve essere in grado di scrivere un buon comunicato stampa in cui parla della sua nuova uscita discografica e deve essere in grado di mandare il comunicato alle testate e ottenere pubblicazioni. Deve inoltre riuscire anche a far recensire l'album e ottenere interviste.

3) Creare un filo diretto con i propri fan attraverso i social network. Ogni giorno deve mettere in campo una vera e propria narrazione di se attraverso la pubblicazione di minimo un post al giorno con contenuti che possono riguardare anche cose distaccate dalla musica, con l'obiettivo di fidelizzare il proprio pubblico facendolo crescere di numero.

4) Organizzarsi da sola i concerti riuscendo a trovare un numero sempre maggiore di live dove suonare e farsi conoscere.

5) Iscriversi alle società di collecting

6) Creare una buona rete di contatti

Se farà tutte queste cose da sola, la band sarà autonoma e indipendente di gestire la propria attività. Non avrà intermediari e gestirà il 100% degli introiti della propria musica. L'obiettivo finale di tutto questo procedimento sarà anche quello di crearsi un buon numero di fan con cui poi interessare magari un'etichetta che sarà più invogliata a investire veramente (e non ad anticipare) perché sicura di un rientro a causa della popolarità della band. O magari interessare una grande agenzia di booking nel momento in cui i cachet saranno aumentati, rispetto a quelli dell'inizio, proprio grazie al lavoro della band. In questo caso la percentuale del 15% inciderà meno e sarà possibile lavorare bene.

Iniziate a lavorare sodo da subito entrando nell'ottica di essere gli imprenditori musicali di voi stessi. Tenete sotto controllo tutti gli aspetti legati alla musica e attendete il momento buono per poter ricevere davvero proposte interessanti soltanto in seguito ai primi anni in cui avrete lavorato da soli e bene.

Buon lavoro quindi e buona fortuna!
Michele Maraglino